Ramana Maharshi
Die essenziellen Lehren

Eine Reise in Bildern

Titel der Originalausgabe:
The EssentialTeachings of Ramana Maharshi – A Visual Journey
Herausgegeben von: InnerDirections Publishing, Carlsbad, California, 2003
www.InnerDirections.org

Projektleitung: Marianne Nentwig
Übersetzung: Christine Bolam

info@kamphausen.media
www.kamphausen.media
Lektorat: Christian Salvesen

Innenlayout:
Joan Greenblatt & Chetna Bhatt
Satz und Cover: Wilfried Klei
Druck & Verarbeitung:
PBtisk a.s., Czech Republic

7. Auflage 2024

Bibliografische Information der Deutschen Nationalbibliothek
Die Deutsche Nationalbibliothek verzeichnet diese
Publikation in der Deutschen Nationalbibliografie;
detaillierte bibliografische Daten sind im Internet
über **http://dnb.d-nb.de** abrufbar.

ISBN 978-3-89901-054-1

Ramana Maharshi
Die essenziellen Lehren

Eine Reise in Bildern

Herausgegeben von
Matthew Greenblatt

Die Wahrheit des eigenen Selbst
als alleinige Realität zu erkennen,
mit ihr zu verschmelzen und eins zu werden
– das ist die einzig wahre Realisation.

Ramana Maharshi

Vorwort

Es ist mir ein Anliegen, Ramana Maharshi für seine Beharrlichkeit zu danken, mit der er darauf bestand, dass die Selbstverwirklichung immer verfügbar, natürlich und offensichtlich ist. Wie oft habe ich gehört oder gelesen, die Erleuchtung sei von allen Zuständen der seltenste, der schwierigste – praktisch unmöglich zu erreichen – und hier erzählt uns ein großer Weiser, dass er im Gegenteil der einfachste ist. Das entspricht meiner eigenen Erfahrung, und ich habe mich nie von religiösen Experten einschüchtern lassen, die mich davon zu überzeugen versuchten, dass ich nicht sehen konnte, was ich sah. Wie dem auch sei – ich fand es wunderbar erfrischend, dass Maharshi keinen Suchenden je mit dem Auftrag wegschickte, auf eine ferne Erleuchtung hin zu arbeiten. Diese sei, so betonte er, kein leuchtender Preis für irgendwelche zukünftigen Leistungen, man gewinne sie nicht Stück für Stück, sondern erkenne sie jetzt, so, wie man ist. Natürlich haben auch andere Weise auf die Gegenwärtigkeit von Dem hingewiesen, doch Maharshi ist bei weitem der Klarste und Kompromissloseste von allen. Wie wunderbar es doch ist, ihn sagen zu hören, dass verglichen mit dem eigenen Selbst alle Dinge unklar, mehr oder weniger unsichtbar, flüchtig und unmöglich zu greifen sind; nur der Sehende kann klar gesehen werden.

Ich danke ihm für diese kompromisslose Einstellung zu den Problemen der Menschen. Für ihn beruhen alle Schwierigkeiten, unter denen die Menschen leiden, auf einem einzigen Irrtum – der falsch verstandenen Identität. Die Lösung eines Problems liegt darin, zu erkennen, „wer" dieses Problem hat. Kein Problem lässt sich auf der Problemebene lösen. Das kann gar nicht anders sein. Es gibt keinen größeren Unsinn, keinen grundsätzlicheren, zerstörerischeren Wahnsinn als die Vorstellung, das zu sein, was sichtbar an uns ist. Der Glaube, ein auf diese Sichtweise beschränktes menschliches Wesen zu sein, ist eine Krankheit, die so tief reicht, dass sie hinter allem Leiden steht und jegliches Problem verursacht. Und sobald diese grundsätzliche Krankheit – die falsch verstandene Identität – kuriert wird, ist alles genau wie es sein sollte. Ich kenne keinen

Weisen, der direkter auf die Wurzeln der Krankheit eingeht und sich konsequenter weigert, ihre Symptome zu behandeln. „*Wer bin ich?*" ist die einzige ernst zu nehmende Frage. Und glücklicherweise ist es auch die einzige Frage, die man ohne zu zögern und ohne jeden Zweifel absolut beantworten kann.

Ich danke Ramana Maharshi vor allem dafür, dass er unermüdlich diese Frage aller Fragen gestellt hat, dass er gezeigt hat, wie einfach die Antwort ist, und für seine lebenslange Hingabe an jene einfache Antwort.

Douglas E. Harding
Nacton, England

Einführung

In diesem Buch sind die essenziellen Lehren Ramana Maharshis auf fließende, leicht lesbare Weise zusammengestellt. Es erhebt keinen Anspruch darauf, eine umfassende Anthologie der Lehren dieses hochgeschätzten Weisen zur Verfügung zu stellen. Wir haben uns sehr bemüht, Ramanas Worte in ihrer Integrität zu erhalten, haben jedoch einige Stellen im Hinblick auf den heutigen Sprachgebrauch leicht abgewandelt.

Eine Anmerkung zu den Lehren

Alle Menschen suchen nach einer ewigen Quelle des Friedens und des Glücks. Einige verschreiben sich der Religion oder der Philosophie, um den Schlüssel zu finden, andere lassen sich immer wieder auf Vergnügungen ein, während viele ihr Wohlbefinden darin suchen, ein finanzielles Sicherheitsnetz zu knüpfen. Doch letzten Endes verfolgen wir alle dasselbe Ziel: bleibendes Glück zu finden.

Die vielfältigen philosophischen Methoden und religiösen Lehren, die den Menschen wahren Frieden und ewiges Glück versprechen, beziehen sich im Allgemeinen auf ein „Ziel" und ein „Individuum", das dieses Ziel erreichen muss. Außerdem empfehlen sie oft die verschiedensten Methoden zur Selbstverbesserung, um dieses Ziel zu erreichen. Ihnen allen ist gemeinsam, dass es da ein „Individuum" gibt, das sich dem Göttlichen, dem Absoluten, dem Bewusstsein (wie immer wir es nennen wollen) annähert, um den Zustand immer währenden Friedens zu gewinnen.

Die Lehren Ramana Maharshis helfen uns, selbst herauszufinden, „wer" und „was" unsere wahre Identität ist. Sie enthüllen auf der tiefsten Ebene das Wesen einer solchen Suche und ihr letztendliches Ergebnis. Erst wenn wir den Frieden und die Freude unseres essenziellen Wesens geschmeckt haben, können wir die Natur der Realität wirklich erkennen. Wir beginnen klar zu sehen, dass es nichts gibt, was verbessert werden müsste. Es gibt nichts zu erreichen und nichts zu verändern. Unsere wahre Natur ist schon jetzt vollkommen und ist es immer gewesen.

Die Herausforderung, die vor uns liegt, hat also nichts damit zu tun, uns selbst zu verbessern – ein besseres „Ich“ zu erzeugen. Stattdessen geht es darum, sich nicht länger mit den psychologischen Eindrücken und falschen Überzeugungen zu identifizieren, die uns hindern, uns zu sehen, wie wir wirklich sind. Mit anderen Worten: Was ich im Allgemeinen über „mich“ weiß, ist in Wirklichkeit nichts als ein begrenztes Wissen aus zweiter Hand, das durch den Verstand und die Sinne gefiltert wurde.

Ramana Maharshis Philosophie – wenn man sie überhaupt so nennen kann – bietet uns eine Landkarte zu unserem wahren Selbst. Er fordert uns auf, anhand eigener, direkter Erfahrung zu sehen, dass die objektive Welt außerhalb unseres eigenen Seins keinerlei Realität besitzt. Tatsächlich gibt es überhaupt keine „objektive“ Realität. Die zunehmende Popularität und Wertschätzung seiner Lehren beruht genau darauf, dass sie eine klare, direkte Möglichkeit zur Verfügung stellen, *Das* – das Ewige und Unendliche – ohne jeden religiösen oder konventionellen spirituellen Kontext wahrzunehmen.

Ramana benutzt den Ausdruck „Selbstverwirklichung“ (*Self-realization*), um das vollständige Erwachen zu unserer wahren Natur zu bezeichnen. Mit „Selbst“ meint er die grundlegende Natur aller Wesen, die *eine* Realität. Das Selbst ist die Basis von allem, die Grundlage des Individuums, und es ist identisch mit dem Absoluten (*Brahman*). Ramana hat einen idealen Ausdruck gewählt, um unsere wahre Natur zu beschreiben, denn was kann uns näher sein als unser Selbst?

Wenn wir das Selbst als unsere wahre Natur vergessen, entsteht – so Maharshi – das „Ich“-Gefühl. Dann stellen wir Vermutungen über Gott als Höchstes Wesen an, anstatt es direkt zu erleben. Solche Vermutungen und Diskussionen können zwar intellektuell anregend sein, doch nur die direkte Erfahrung der Realität gibt uns Gewissheit über unser wahres Wesen. Schließlich und endlich müssen alle Religionen und spirituellen Lehren die Frage nach der Identität beantworten. Also, sagt Ramana, warum nicht gleich an diesem Punkt beginnen? Er fragt:

„Welche Mittel du auch zur Hilfe nimmst – letzten Endes musst du zum Selbst zurückkehren; warum also nicht hier und jetzt im Selbst verweilen?“

Selbstverwirklichung bedeutet nicht, irgendein intellektuelles Wissen zu gewinnen oder bestimmte Überzeugungen anzunehmen. „Selbstverwirklichung,“ sagt Ramana, „heißt, nichts zu wissen und nichts zu werden.“ Sie ist einfach nur ein Seinszustand, unser zutiefst natürlicher Zustand. Als bloßes Instrument des Selbst kann der Verstand nie seinen wahren Ursprung kennen. Folglich kann man Das immer nur *sein*.

Ramana Maharshis Lehren spiegeln die philosophische Perspektive des *Advaita* (Nicht-Zwei). In dieser tief greifenden Sicht des Wesens der Realität lösen sich alle Unterschiede auf: Zwischen Subjekt und Objekt, dem Sehenden und dem Gesehenen, und zwischen dem Selbst und der Welt. Für den erwachten Weisen ist die Welt nichts anderes als das Selbst.

Advaita oder Nichtdualität ist weder eine Philosophie noch eine Lebensweise. Es bedeutet einfach, „Eins ohne ein Zweites“ zu sein, wie es in den Upanishaden heißt. In Wirklichkeit kann es keine separate Existenz außerhalb der stets gegenwärtigen Realität geben. Maharshi weist darauf hin, dass alles, was wir suchen, schon in Reichweite ist:

„Das Wirkliche ist immer was es ist. Wir müssen nur damit aufhören, das Unwirkliche für wirklich zu halten."

Indem wir das Wesen des „Ich" hartnäckig untersuchen, beginnen wir zu sehen, wie unsicher und flüchtig es ist. Und wenn wir diese Erforschung standfest verfolgen, löst sich die Erfahrung des „Ich", die wir so lange für wahr gehalten haben, auf und das universale „Ich" – das, was wir wirklich sind – enthüllt sich als das, was es schon immer gewesen ist. Das ist die wahre spirituelle Wiedergeburt. Sobald wir uns mit dem universalen „Ich", dem Selbst, identifizieren, leben wir in einem Zustand, der frei ist von den Ideen und Konzepten, die auf dem Ego basieren. Wir erkennen, dass die unmittelbare Erfahrung unserer selbst wie eine Leinwand ist, auf der alle Ereignisse des Lebens stattfinden. Dann tauchen der ewige Frieden und das bleibende Glück, die wir so lange erfolglos gesucht haben, spontan als unser eigenstes Selbst auf.

Ramana Maharshi fordert uns unablässig auf, zu der Quelle unseres wahren Seins zurückzukehren. Der einfache und direkte Ansatz, den er lehrte, enthebt uns der Notwendigkeit, zuerst den Weg der Selbstverbesserung zu gehen, denn wohin wir auch gehen – das Selbst ist immer schon da, stets gegenwärtig. Die Untersuchung, „wer wir wirklich sind", erfordert keine besonderen Kenntnisse oder Fähigkeiten. Doch Ramana weist darauf hin, dass unsere ernsthaften Absichten sicher dazu beitragen, unsere Herzen dem unendlichen Selbst zu öffnen.

Eine kurze Biographie

In einem trockenen, staubigen Gebiet Südindiens liegt die alte Stadt Tiruchulli, in der Venkataraman geboren wurde. Obwohl es ihm bestimmt war, einer der größten Weisen unserer Zeit zu werden, gab es keine besonderen Hinweise auf seine spätere Realisation.

Nach dem Tode seines Vaters zog die Familie des jungen Venkataraman in die Tempelstadt Madurai, um dort bei einem seiner Onkel zu leben. Schon bald darauf fand sich Venkataraman Auge in Auge mit seiner eigenen Sterblichkeit. Eines Tages, als alle Familienmitglieder unterwegs waren, wurde der Junge von einer massiven Todesangst befallen. Doch anstatt in Panik zu geraten oder Hilfe zu holen, besaß Venkataraman die Geistesgegenwart, sich der Situation zu stellen. Er spielte seinen eigenen Tod durch, um die „Erfahrung" bis zu ihrem Ende zu führen. Er hielt den Atem an, machte seinen Körper steif und gab kein Geräusch mehr von sich.

Vor dem Tode zu sterben bedeutet, der Leere zu begegnen, dem letztendlichen, leeren Wesen aller Dinge. Der Verstand, der das Gefühl erschafft und aufrechterhält, ein separates Individuum zu sein, kann in diesem Zustand nicht länger überleben. Es ist selten, dass sich ein Mensch auf diese Weise selbst begegnet, ohne gleich wieder in die Form zurückzuschrecken. Doch genau wie Buddha war auch Venkataraman entschlossen, die Erfahrung durchzustehen. Er nutzte die Tatsache seiner eigenen Sterblichkeit, um das wahre Wesen des „Ich" zu erforschen, und damit starb die begrenzte Sicht seiner selbst. Was blieb, war das unendliche Selbst, das ewige „Ich". Das ist die wahre Auferstehung: Von der Identifikation mit der Form zur Freiheit des Unbegrenzten.

Als sein älterer Bruder ihm später Vorhaltungen machte, dass er sich wie ein religiöser Asket verhielte und dabei den Komfort des Familienlebens in Anspruch nähme, sah er die Wahrheit dieser Worte. Er müsse in die Schule zurückkehren, gab er vor, machte sich aber tatsächlich auf den Weg zum Arunachala, dem heiligen Berg im Norden des indischen Bundesstaates Tamil Nadu. Über seinen damaligen Zustand sagte er:

„Als ich von Zuhause wegging, war ich wie ein Stäubchen, das von einer gewaltigen Flut hinweggespült wird; ich kannte weder meinen Körper noch die Welt und wusste nicht, ob es Tag oder Nacht war."

Ganz in die Glückseligkeit des Seins versunken, saß und schlief er an verschiedenen Stellen rund um den Berg und auch in dem großen Tempel. Manchmal wechselte er den Platz, wenn jugendliche Unruhestifter ihn mit Steinen bewarfen. Nach einiger Zeit strahlte Venkataramans tiefe Verwirklichung deutlich spürbar aus, und die ersten ernsthaft Suchenden tauchten auf – Menschen, die im Frieden seiner Gegenwart verweilen wollten. Dieser Frieden hob sie sanft aus dem endlosen Kreisen der Gedanken, aus denen sich der Verstand zusammensetzt.

Nachdem Venkataraman von dem großen Asketen Vasishta Ganapathi Muni als authentischer Weiser anerkannt wurde, gab ihm dieser den Namen Bhagavan Sri Ramana Maharshi. Einige Jahre später wurde nahe dem Berggipfel eine kleine Einsiedelei gebaut, in der alle zusammen leben konnten. Später zog Ramana an den Fuß des Berges, seine Jünger folgten ihm, und es wurden neue Unterkünfte gebaut. Aus dieser Ansiedlung entwikkelte sich Sri Ramanasramam, der Ashram, der Suchende aus allen Teilen Indiens und der ganzen Welt beherbergte und immer noch beherbergt.

Sein Leben lang hat Ramana nie jemanden um etwas gebeten. Er reiste nie, hielt keine formellen Vorträge oder schrieb Bücher. Er beantwortete spontan die Fragen, die ihm gestellt wurden. Besucher kamen und gingen, er blieb stets gleich mitfühlend. Beim Verrichten seiner täglichen Arbeit achtete er auf jedes kleinste Detail. Ganz gleich, ob er in der Küche das Essen zubereitete, aus Papierresten ein Notizbuch nähte oder für die Ashrambücher Korrektur las – immer war Ramana ein lehrreiches Beispiel an Achtsamkeit. Noch viel bemerkenswerter ist es, dass er in all den Jahren, die er im Ashram lebte, nie ein eigenes Zimmer oder eine abgeschlossene Wohnung hatte. Er schlief und wohnte in der alten Halle, wo ihn auch seine Besucher tagsüber und abends aufsuchten. Viel später erst, gegen Ende seines Lebens, wurde ihm ein eigener kleiner Raum gebaut.

All die verschiedenen Menschen, die zum Ashram kamen – ganz gleich welcher religiösen und kulturellen Traditionen sie angehörten – hatten immer das Gefühl, Ramana gehöre zu ihnen. Und so war es auch. Das universale Ich ist für alle gleich, und die Erforschung der wahren Natur dieses „Ich" enthüllt eine Einheit, die wahrlich universal ist und über alle vom Verstand erschaffenen Unterschiede hinausgeht.

Das Erbe von Ramana Maharshi ist dasselbe wie zu seinen Lebzeiten. Da er weder mit dem Körper identifiziert noch auf ihn begrenzt war, steht uns seine Führung auch jetzt noch zur Verfügung. Als er kurz vor dem Tode seines Körpers gefragt wurde, wohin er gehen würde, antwortete er: „Wohin kann ich gehen? Ich bin hier.“

Matthew Greenblatt
Carlsbad, Kalifornien

Der Verstand ist nichts als der Gedanke „Ich.“

Der Denkende ist die Ursache für das Auftauchen der Gedanken.

Der Denkende ist das Ego. Sucht man es, verschwindet es von selbst.

Ohne Bewusstsein existieren weder Zeit noch Raum; sie erscheinen im Bewusstsein, besitzen aber keine eigene Realität.

Das ist wie eine Leinwand, auf die all dies projiziert wird – wie bewegte Bilder in einem Film.

Allein das absolute Bewusstsein ist unsere wahre Natur.

Gnade ist in dir;
Gnade ist das Selbst.

Gnade ist nicht etwas, das du von anderen erwerben musst.
Wenn sie von außen kommt, ist sie nutzlos.
Du brauchst nur zu wissen, dass sie in dir existiert,
sonst nichts.

Du bist nie außerhalb ihres Wirkens.

Der Geist kann den Geist nicht suchen.

Du übersiehst, was wirklich ist und hältst an dem fest, was unwirklich ist. Finde heraus, was es ist. Du hältst dich für den Geist. Frage, wie er kontrolliert werden könnte!

Wenn der Geist existiert, kann er auch kontrolliert werden, aber das ist nicht der Fall. Verstehe diese Wahrheit durch die Selbsterforschung.

Suche das Wirkliche, das Selbst.

Das Ewige wird weder geboren, noch kann es sterben.

Wir verwechseln die Erscheinung mit der Realität. Die Erscheinung trägt ihr Ende in sich.

Was ist es, das aufs Neue erscheint?

Wenn du es nicht finden kannst, gib dich rückhaltlos an den Hintergrund der Erscheinungen hin, und nur die Wirklichkeit wird übrig bleiben.

Die Wirklichkeit ist einfach nur der Verlust des Egos.

Zerstöre das Ego, indem du nach seiner Identität suchst.

Weil das Ego nicht wirklich existiert, wird es automatisch verschwinden, und die Wirklichkeit wird aus sich selbst heraus in all ihrer Pracht hervorstrahlen. Das ist die direkte Methode.

Alle anderen Methoden halten am Ego fest. Das sind Wege, auf denen viele Zweifel auftauchen und die ewige Frage ausgespart bleibt.
Doch du wirst sehen, dass die letztendliche Frage bei *dieser* Methode die einzige ist, und sie wird von Anfang an gestellt.

Auf diesem Weg sind nicht einmal
Übungen (Sadhanas) nötig.

„Ich Bin Das Ich Bin“ umfasst
die gesamte Wahrheit.
Die Methode kann in „Sei Still“
zusammengefasst werden.

Verwirklichung bedeutet einfach, man selbst zu sein, ohne irgendetwas zu wissen oder irgendetwas zu werden.

Als Verwirklichter ist man das einzige, was ist und was schon immer war. Man kann diesen Zustand nicht beschreiben, man kann Das nur sein. In Ermangelung eines besseren Begriffes sprechen wir vage von Selbstverwirklichung.

Es nützt nichts, seine Umgebung zu wechseln.

Das Hindernis ist der Verstand. Ob nun zuhause oder im Wald – er muss überwunden werden. Wenn du das im Wald schaffen kannst, warum nicht zuhause? Warum also die Umgebung wechseln?

Die Ursache des Leidens liegt nicht im äußeren Leben. Sie liegt in dir als dem Ego.

Du zwingst dir Begrenzungen auf und kämpfst dann darum, sie zu überwinden.

Warum suchst du in den Ereignissen deines Lebens die Ursache für dein Leiden, wenn sie in Wirklichkeit in deinem Inneren liegt? Welche Art von Glück kannst du von dem erwarten, was außerhalb von dir liegt? Wenn du es erringst, wie lange wird es anhalten?

Der Körper selbst ist ein
Gedanke.
Sei wie du wirklich bist.

Es gibt keine Stufen der Verwirklichung und keine Grade der Befreiung.

Es gibt keine verschiedenen Ebenen der Realität. Nur das Individuum kennt verschiedene Erfahrungsebenen.

Wenn irgendetwas hinzugewonnen werden kann, das vorher nicht da war, dann kann es auch wieder verloren gehen. Das Absolute hingegen ist ewig, *hier und jetzt*.

Es geht nicht um das Werden,
sondern um das Sein.

Bleibe dir deiner selbst bewusst
und alles andere wird erkannt werden.

Wir kommen zu einem
bestimmten Zweck auf die Welt.

Dieser Zweck wird sich erfüllen,
ganz gleich, ob man sich für den
Handelnden hält oder nicht.

Alles ist vorbestimmt.

Aber es steht uns immer frei, uns nicht mit dem Körper zu identifizieren und uns von den Freuden und Schmerzen, die wir mit seinen Aktivitäten verbinden, nicht beeinflussen zu lassen.

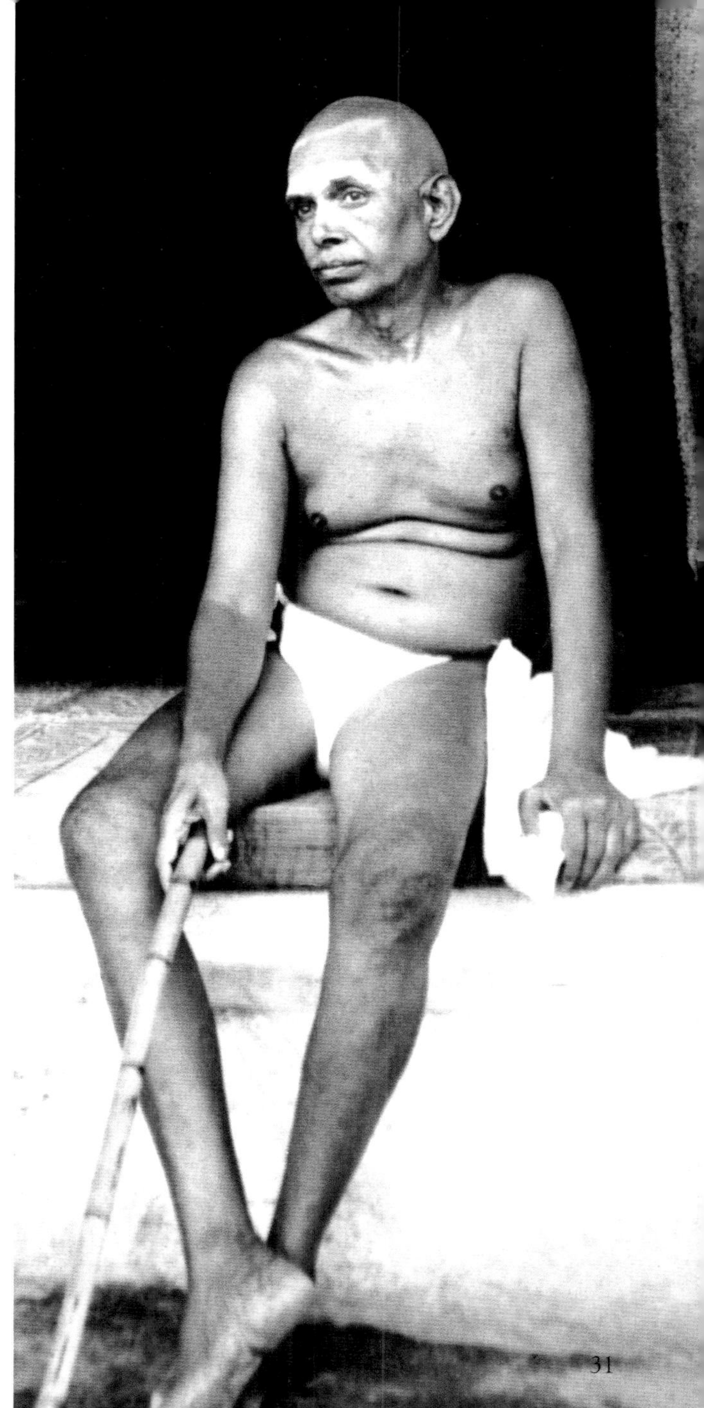

Lass dich
auf die lebendige
Gegenwart ein.
Die Zukunft wird für
sich selbst sorgen.

Finde heraus, wer den freien Willen ausübt oder wer der Vorbestimmung unterliegt, und verweile in jenem Zustand.

Dann werden beide transzendiert.
Das ist der einzige Zweck dieser Fragen.
Für wen tauchen solche Fragen auf?

Entdecke das und sei im Frieden.

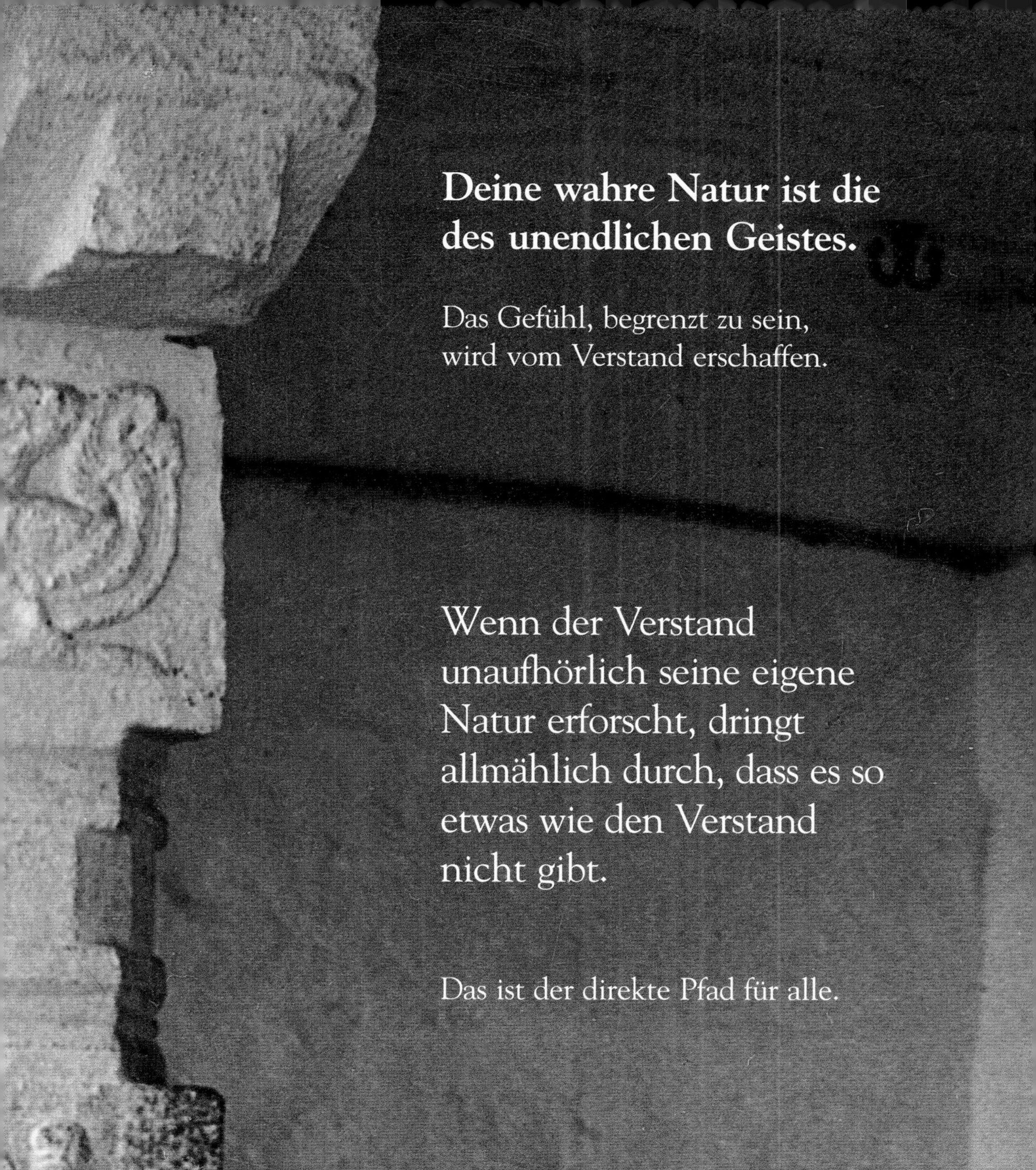

Deine wahre Natur ist die des unendlichen Geistes.

Das Gefühl, begrenzt zu sein, wird vom Verstand erschaffen.

Wenn der Verstand unaufhörlich seine eigene Natur erforscht, dringt allmählich durch, dass es so etwas wie den Verstand nicht gibt.

Das ist der direkte Pfad für alle.

Wenn man nachforscht,
wo im Körper der Gedanke
„Ich“ zuerst erscheint,
wird man entdecken,
dass er im Herzen
auftaucht.
Das ist der Ort,
in dem der
Verstand seinen
Ursprung hat.

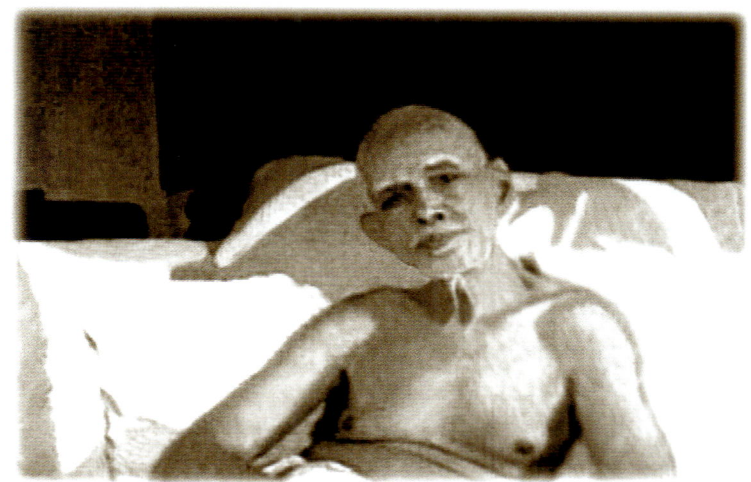

Gnade ist stets gegenwärtig.

Du stellst dir vor, sie sei irgendwo hoch im Himmel, weit weg, und müsse zu uns herabsteigen. In Wirklichkeit ist sie in dir, in deinem Herzen, und sobald der Verstand in seinen Ursprung zurücksinkt oder eins mit ihm wird, strömt die Gnade hervor wie aus einer inneren Quelle.

Du sprichst als seiest du
hier und das Selbst
irgendwo anders, und
als müsstest du dort
hingehen, um es
zu erreichen...

. . . Doch in Wirklichkeit ist das Selbst hier und jetzt, und du bist immer Es.

Das ist, als würdest du die Leute nach dem
Weg zum Ashram fragen, obwohl du
bereits hier im Ashram bist. Dann
beschwerst du dich, dass dir jeder
einen anderen Weg zeigt
und fragst, welchem
du folgen
sollst.

Der verwirklichte Mensch weint mit denen, die weinen und lacht mit denen, die lachen. Er spielt mit denen, die spielen und singt mit denen, die singen. Er bleibt im Rhythmus des Liedes.

Was hat er zu verlieren?

Seine Gegenwart ist wie ein reiner, transparenter Spiegel.
Er spiegelt uns genau wie wir sind.
Wir sind diejenigen, welche die verschiedenen Rollen im Leben spielen und die Früchte unserer Handlungen ernten.
Wie wirkt sich das auf den Spiegel oder seine Halterung aus?
Nichts wirkt sich auf sie aus – sie sind nur Stützen.

Das Bewusstsein des „Ich“ ist das Subjekt all unserer Handlungen.

Forsche nach der wahren Natur dieses
Bewusstseins und verweile in dir selbst –
das ist der Weg, um deine wahre
Natur zu verstehen.

Um das Selbst zu verwirklichen, brauchst du nur *still* zu sein.

Was könnte leichter sein als das?

Wenn man den Frieden des Selbst gewinnt, wird sich dieser ohne jede eigene Anstrengung ausdehnen und auf andere übertragen.

Doch wie kann man Frieden in der Welt verbreiten, wenn man selbst nicht friedlich ist?

Nur wer selbst glücklich ist, kann andere glücklich machen.

Glück entspringt aus dem inneren Frieden
und kann nur existieren, wenn keine
Störungen vorhanden sind.
Die Störungen beruhen auf Gedanken,
die im Verstand auftauchen.
Ist der Verstand abwesend,
besteht vollkommener Frieden.

Die Wirklichkeit liegt
jenseits des Verstandes.
Solange der Verstand aktiv ist,
herrscht Dualität. Wenn er transzendiert wird,
strahlt die Wirklichkeit hervor.
Das Leuchten aus sich selbst
ist das Selbst.

Satsang bedeutet Gemeinschaft
(*Sangha*) mit dem Sein (*Sat*) –
dem Selbst.
Für wen existiert diese Gemeinschaft?

Die letztendliche Wahrheit ist so einfach; man muss einfach nur in seinem natürlichen, ursprünglichen Zustand sein.

Wie erstaunlich: Sind wirklich so viele Religionen nötig, um eine derart einfache Wahrheit zu lehren? Und müssen so viele Streitigkeiten herrschen, welches die von Gott gegebene Lehre ist? Wie schade!

Sei einfach nur das Selbst – das ist alles.

Weil die Menschen etwas Kompliziertes und Geheimnisvolles haben wollen, sind so viele Religionen entstanden. Nur diejenigen, die reif sind, können die Sache in ihrer nackten Einfachheit verstehen.

Es gibt weder Vergangenheit noch Zukunft; es gibt nur die Gegenwart.

Als du das Gestern erlebtest, war es die Gegenwart, und das Morgen wird auch die Gegenwart sein, wenn du es erlebst.

Jede Erfahrung findet also immer nur
in der Gegenwart statt, und außer
den Erfahrungen oder jenseits
der Erfahrungen
existiert nichts.

Selbst die Gegenwart
ist reine Imagination,
da das Zeitgefühl einfach nur mental ist.

Weil die Menschen das Geheimnisvolle mehr schätzen als die Wahrheit, geben ihnen die Religionen, was sie wollen – und bringen sie schließlich auf Umwegen zum Selbst.

Welche Mittel du auch wählst – letzten Endes musst du zum Selbst zurückkehren. Warum also nicht schon hier und jetzt im Selbst verweilen?

Es gibt kein größeres Wunder als dieses: Wir, die wir selbst die Wirklichkeit sind, machen uns auf, die Wirklichkeit zu erreichen.

Wir glauben, es gäbe etwas, das die Wirklichkeit verdeckt und das zerstört werden müsste, bevor wir die Wahrheit entdecken können. Das ist einfach lächerlich.

Der Tag wird kommen, an dem du über deine vergangenen Bemühungen lachen wirst. Was du an dem Tag, an dem du lachst, erkennen wirst, ist schon hier und ist schon jetzt.

Wenn wir das Selbst für das Ego halten, werden wir zum Ego, wenn wir es für den Verstand halten, zum Verstand und wenn wir es für den Körper halten, zum Körper.
Es ist das Denken, das auf so viele verschiedene Weisen Schichten aufbaut.

Beachte das Ego und seine Aktivitäten nicht, sondern sieh nur das Licht dahinter.

Das Ego ist der „Ich"-Gedanke.

Das wahre „Ich" ist das Selbst.

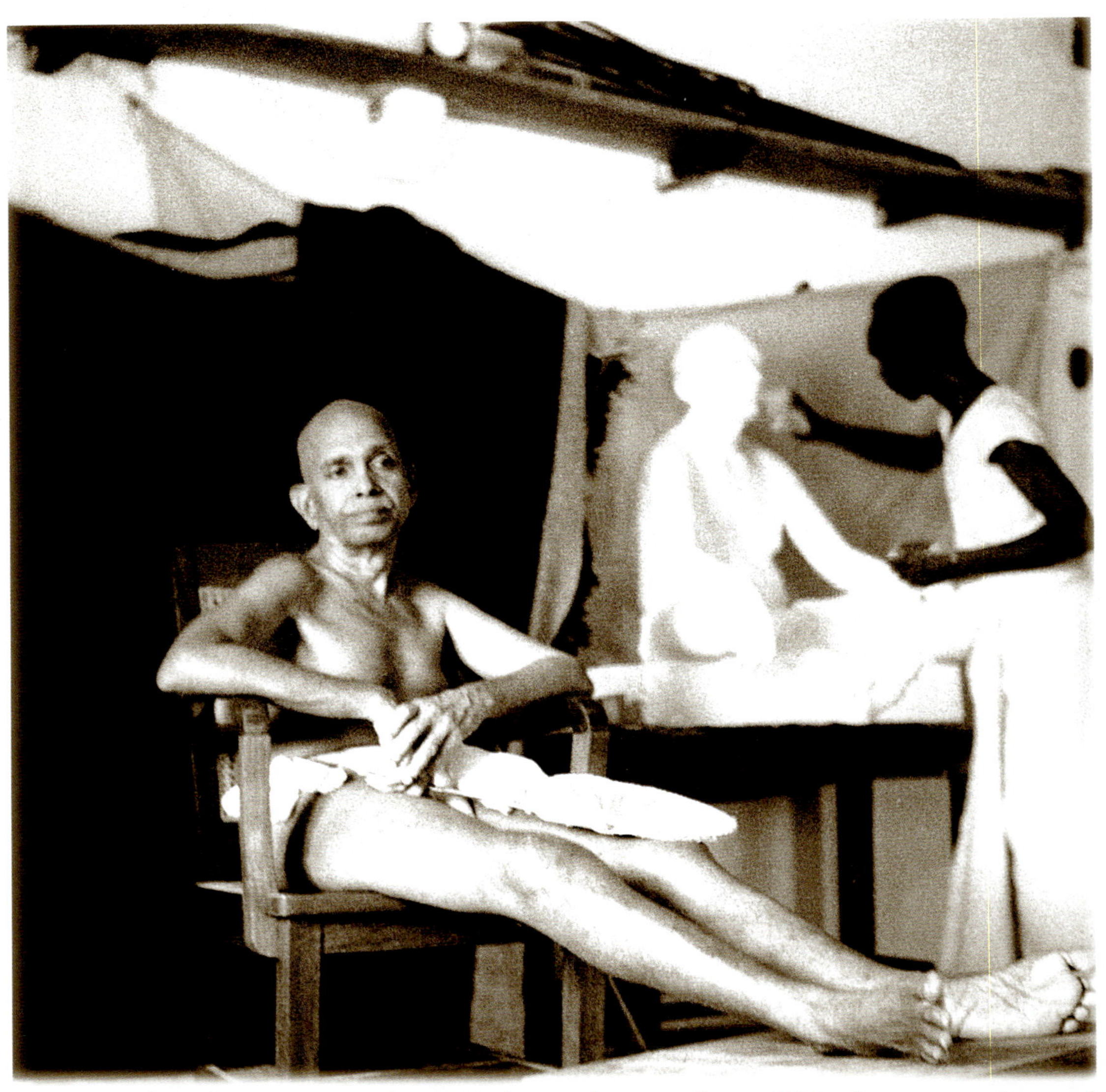

Im Schlaf existiert die Welt nicht und im Wachzustand wird sie durch eine Projektion deines Verstandes gebildet. *Sie ist daher eine Idee und sonst nichts.*

Es ist falsch, von der Verwirklichung zu sprechen. Was könnte verwirklicht werden?

Das Wirkliche ist immer wie es ist.

Wir müssen nur aufhören, das Unwirkliche für wirklich zu halten. Mehr braucht es nicht, damit wir Weisheit (*Jnana*) erlangen.

Das Universum ist nur ein vom Geist erschaffenes Objekt, das im Geist existiert. Es kann nicht als äußere Realität angesehen werden.

Die Phänomene der Welt, innen und außen, sind nur flüchtig und existieren nicht unabhängig von unserem Selbst.

Nur unsere Gewohnheit, sie als real und außerhalb unserer selbst zu sehen, verdeckt unser reines Sein.

Wenn die stets gegenwärtige, einzige Realität, das Selbst, gefunden wird, verschwinden alle unwirklichen Dinge und allein das Wissen bleibt, dass sie nichts anderes als das Selbst sind.

Entweder gib dich hin, weil du deine Unfähigkeit erkennst und eine größere Macht brauchst, oder forsche nach der Ursache des Leidens.

Das Göttliche lässt keinen im Stich, der sich hingegeben hat.

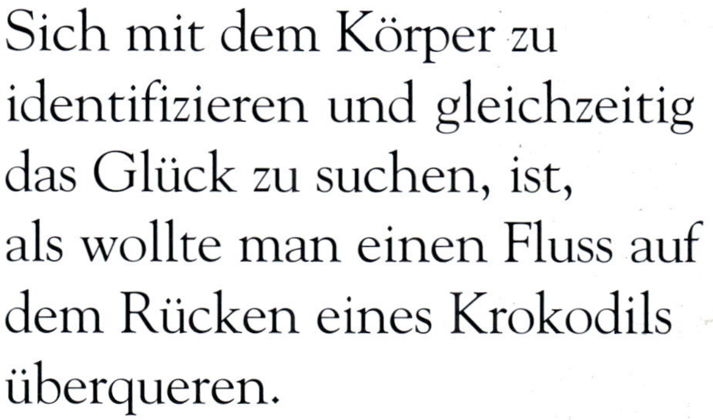

Sich mit dem Körper zu identifizieren und gleichzeitig das Glück zu suchen, ist, als wollte man einen Fluss auf dem Rücken eines Krokodils überqueren.

In Wahrheit bist du reiner Geist.

Der Körper wurde vom Verstand projiziert, und der Verstand hat seinen Ursprung im Geist. Wenn die falsche Identifikation aufhört, herrscht Frieden und ewige, unbeschreibliche Glückseligkeit.

Jene, die das
Selbst – den
Urgrund des
Schicksals und
des freien
Willens –
verwirklicht
haben, sind frei
von ihnen.

Ramanas Antwort an seine Mutter, als sie ihn bat, mit ihr nach Hause zurückzukehren:

Die Fügung kontrolliert das Schicksal der Seelen im Einklang mit ihrer Bestimmung (*Prarabdha Karma*). Alles, was nicht geschehen soll, wird nicht geschehen, wie sehr du dich auch bemühst. Alles, was geschehen soll, wird geschehen, wie sehr du auch versuchst, es zu verhindern. Dies ist gewiss.

Der beste Weg ist also, still zu bleiben.

Der wirkliche Zustand muss mühelos sein.
Er ist beständig und immer da.

Bemühungen sind sprunghaft, und ihre Auswirkungen ebenfalls.

Wenn sich dein wirkliches, müheloses,
freudiges Wesen realisiert, steht es
nicht im Widerspruch zu
den gewöhnlichen
Aktivitäten des
Lebens.

Im Inneren der Herzhöhle leuchtet allein die eine Wirklichkeit als „Ich-Ich“ – das Selbst.

Das Herz ist die einzige Wirklichkeit.

Der Verstand ist nur eine vorübergehende Phase.
Als das eigene Selbst zu verweilen, bedeutet,
in das Herz einzugehen.

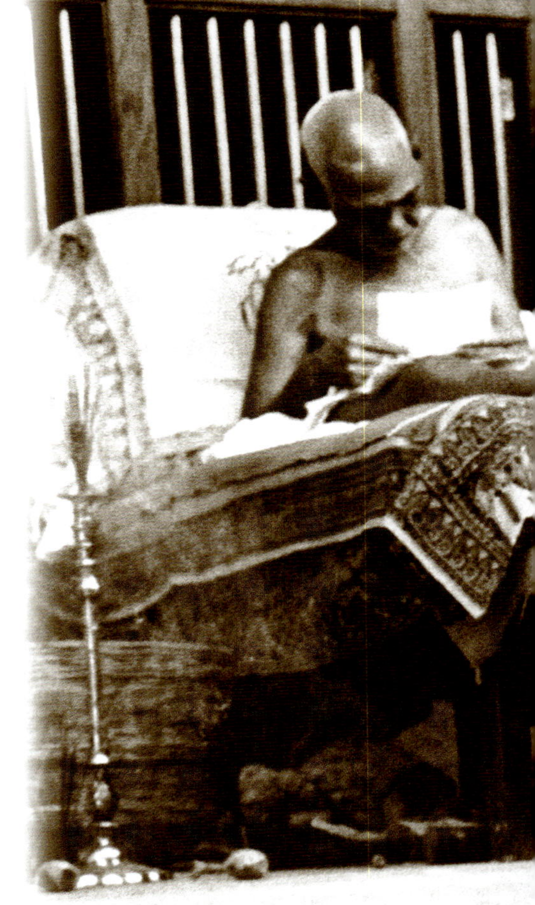

Außerhalb des Denkens gibt es keine unabhängige Wesenheit mit dem Namen „die Welt“.

Im Tiefschlaf gibt es keine Gedanken und auch keine Welt. Beim Wachen und Träumen gibt es Gedanken und auch eine Welt.

So, wie die Spinne ihren Faden absondert und wieder in sich aufnimmt, so projiziert auch der Verstand die Welt aus sich heraus und zieht sie wieder in sich zurück.

Das Selbst
durchdringt alles.

Deshalb kann kein besonderer Platz ausersehen werden, um ein Leben in Abgeschiedenheit zu führen.

In einem gelassenen, gedankenfreien Zustand zu verweilen, heißt, ein Leben in Abgeschiedenheit zu führen.

Wenn dein Standpunkt auf Weisheit beruht, wirst du entdecken, dass die Welt Gott ist.

Es geht nur um die Sichtweise.

Das Universum existiert innerhalb des Selbst.

Deshalb ist es wirklich, aber nur, weil es seine Realität vom Selbst bezieht. Wir nennen es jedoch unwirklich und bezeichnen damit seine wechselhafte Erscheinung und seine vergängliche Form; das Selbst hingegen nennen wir wirklich, weil es unveränderlich ist.

Wir sehen nur die Schrift und nicht das Papier, worauf die Buchstaben geschrieben sind.

Das Papier ist da, ganz gleich, ob es beschrieben ist oder nicht. Wer die Schrift für wirklich hält, dem sei gesagt, sie ist nicht real,
sondern eine Illusion.
Ohne das Papier gäbe
es sie nicht.

*Der Weise betrachtet
sowohl Schrift als auch Papier
als eins.*

Unsere wahre Natur ist Befreiung,
aber wir bilden uns ein, gefesselt zu sein…

. . . wir bemühen uns angestrengt, frei zu werden, obwohl wir schon längst frei sind.

Ein Mensch schläft hier in dieser Halle ein und träumt, er sei auf einer Weltreise, die ihn durch verschiedene Kontinente führt. Nach vielen mühsamen Reisejahren kehrt er wieder in dieses Land zurück, betritt den Ashram und geht in die Halle.

Im selben Augenblick wacht er auf und merkt, dass er gar nicht herumgereist ist, sondern geschlafen hat. Er ist nicht nach großer Mühsal in diese Halle zurückgekehrt, sondern war die ganze Zeit hier.

Wenn jemand fragt: „Warum glauben wir, gefesselt zu sein, wenn wir in Wirklichkeit frei sind?“, dann sage ich: „Warum glaubtest du, auf einer Weltreise Wüsten und Meere zu durchqueren, wenn du in Wirklichkeit in der Halle warst?“

Es ist alles nur Verstand.

Mit einem Lächeln legt Ramana seinen kleinen Finger auf ein Auge und sagt:

Schaut – dieser kleine Finger bedeckt das Auge und erreicht damit, dass die ganze Welt nicht zu sehen ist. Genauso bedeckt dieser kleine Verstand das ganze Universum und erreicht damit, dass die Realität nicht zu sehen ist.

Seht ihr, wie mächtig er ist?

Was *ist*, ist das Selbst. Es durchdringt alles.

Wir füllen den Verstand mit allen möglichen Eindrücken und sagen dann, es gäbe in ihm keinen Raum für das Selbst.

Wenn all die falschen Ideen und Eindrücke hinweggefegt und entfernt werden, bleibt ein Gefühl der Fülle – das Selbst. Dann gibt es nicht länger so etwas wie ein getrenntes „Ich."

**Die größte aller
Meditationen ist die über
das Selbst – über das,
was wir sind.**

Alle anderen Meditationen
sind darin enthalten.

*Wahre Stille ist in
Wirklichkeit unendliche
Ansprache.*

Man kann sie nicht
erreichen, weil sie immer
gegenwärtig ist.

**Du brauchst nur die Hüllen
zu entfernen, unter denen
sie verborgen ist.**

Hingabe bedeutet, sich an den Ursprung
des eigenen Seins zu geben.
Früher oder später
werden wir wissen,
dass unsere
Herrlichkeit
dort liegt, wo
wir aufhören
zu existieren.

Das zahme Eichhörnchen wartet auf eine
Möglichkeit, aus seinem Käfig zu laufen.

Ramana sagt dazu:

Alle wollen hinaus.
Immer wieder.
Doch das Glück liegt innen,
nicht außen.

Alle spirituellen Lehren sollen uns nur dazu anhalten, unsere Schritte bis zur ursprünglichen Quelle zurückzuverfolgen.

Wir brauchen nichts Neues zu erwerben, sondern müssen nur alle falschen Vorstellungen und nutzlosen Besitztümer aufgeben.

Anstatt das zu tun, versuchen wir, etwas Merkwürdiges und Geheimnisvolles zu erhaschen, weil wir glauben, das Glück sei anderswo.
Das ist der Fehler.

Deine wahre Natur zu vergessen
ist der wahre Tod;
Sich wieder an sie zu erinnern
ist die Wiedergeburt.

Was erscheint, wird auch wieder verschwinden und ist deshalb vergänglich. Das Selbst erscheint nie und verschwindet nie, es ist deshalb ewig.

Es ist die einzige Realität.

Die Umgebung, die Zeit und
die Objekte existieren alle in einem selbst.

Wie können sie
unabhängig von
mir sein?

Sie können sich verändern,
aber „Ich" bleibe unverändert.

Bemühe dich weder, zu arbeiten,
noch das Arbeiten aufzugeben;
deine Bemühungen sind es,
die dich in Fesseln halten.

Was geschehen soll, wird geschehen. Überlasse es der höheren Macht – du hast nicht die Wahl, zu entsagen oder nicht zu entsagen.

Das Gefühl „ich arbeite“ ist das Hindernis.

Frage dich: „Wer arbeitet?“ Erinnere dich, wer du bist. Dann wird dich die Arbeit nicht binden, sondern sie wird automatisch ablaufen.

Du bist das Selbst.
Du bist schon jetzt und ewig Das.

Es gibt keinen Moment,
in dem das Selbst nicht existiert;
Es ist immer gegenwärtig, *hier und jetzt*.

Wenn die Realisation etwas wäre, das wir in Zukunft erwerben, wäre es genauso gut möglich, sie wieder zu verlieren; das kann nicht die Befreiung sein, denn sie ist ewig.

Die Verwirklichung besteht darin, die falsche Vorstellung loszuwerden, man sei nicht verwirklicht.

Was wir „Verstand" nennen, ist eine wundersame Macht, die im Selbst wohnt.

Der Verstand lässt alle Gedanken erscheinen. Doch ohne Gedanken gibt es ihn nicht. Denken ist also das Wesen des Verstandes.

Die Selbsterforschung führt direkt zur Selbstverwirklichung, indem sie die Hindernisse aus dem Weg räumt, die uns glauben lassen, das Selbst sei noch nicht verwirklicht.

Sie enthüllt die Wahrheit, dass weder das Ego noch der Verstand wirklich existieren, und befähigt uns, das reine, undifferenzierte Sein – das Selbst oder das Absolute – zu realisieren.

Der freie Wille und das Schicksal bleiben so lange erhalten, wie der Körper andauert.

Die Weisheit transzendiert beide, denn das Selbst ist jenseits von Wissen und Unwissen.

Schmerz oder Freude sind das
Resultat vergangener Handlungen,
sie beruhen nicht auf der Gegenwart
. . . sie wechseln einander ab.

Verweile stets im Selbst. Schmerz und Freude tauchen immer wieder auf, doch lass dich nicht von ihnen beherrschen.

Nur ein Mensch, der Schmerz und Freude gleichermaßen annimmt, kann glücklich sein.

Die Gedanken verändern sich.
Du bleibst derselbe.

Die Gedanken bilden deine Fesseln, und sie sind nicht außerhalb von dir – also brauchst du auch kein äußeres Heilmittel zu suchen, um frei zu werden.

Was macht es schon, wenn der Geist aktiv ist? Das geschieht nur auf dem Hintergrund des Selbst.

Halte auch während mentaler Aktivitäten am Selbst fest.

Das „Ich“ wirft die
Illusion des „Ich“ ab
und bleibt doch „Ich“.
Das ist das Paradox der
Selbstverwirklichung.

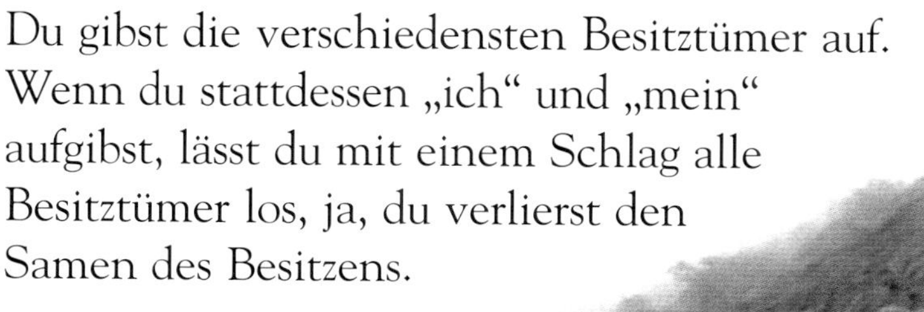

Du gibst die verschiedensten Besitztümer auf. Wenn du stattdessen „ich“ und „mein“ aufgibst, lässt du mit einem Schlag alle Besitztümer los, ja, du verlierst den Samen des Besitzens.

Das geht nur, wenn du ausschließlich am Selbst interessiert bist.

Dein Eifer muss dem eines Menschen gleichen, der unter Wasser festgehalten wird, während er versucht, an die Oberfläche zu kommen, um zu atmen.

Sei was du bist.

Das, was ist, ist immer gegenwärtig. Selbst jetzt bist du Es, du bist nicht getrennt von Ihm.

Etwas sehen und haben wollen
sind Bestrebungen des Egos.
Sei du selbst und nichts sonst.

Freude und Schmerz kommen vom Verstand. Unsere wahre Natur ist, glücklich zu sein.

Wir vergessen das Selbst und halten den Körper oder den Geist für das Selbst. Diese falsche Identität ist die Ursache für unser Elend.

Glück ist
in jedem
Menschen
selbst, es
beruht nicht
auf äußeren
Ursachen.

Weil dir das Selbst entglitten ist, wirst du von Gedanken geplagt. Du siehst die Welt und Zweifel tauchen auf, gepaart mit Sorgen über die Zukunft.

Es hat keinen Sinn, die Zweifel auszuräumen.

Wenn wir einen Zweifel auflösen, taucht der nächste auf, und so geht es immer weiter. Alle Zweifel werden erst aufhören, wenn der Zweifelnde und sein Ursprung gefunden wurden. Suche den Ursprung des Zweifelnden und du wirst erkennen, dass er gar nicht existiert.

Wenn der Zweifelnde verschwindet, hören auch die Zweifel auf.

Erforsche, was der Verstand wirklich ist, und er wird verschwinden.

Gedanken tauchen auf, und du glaubst, sie hätten einen Ursprung. Den nennst du „Verstand“.

Wenn du nachforschst, was er ist, wirst du entdecken, dass es so etwas wie den Verstand gar nicht gibt.

Wenn der Verstand auf diese Weise verschwunden ist, verwirklichst du ewigen Frieden.

Wenn der Verstand sich nach innen richtet, „Wer bin ich?" fragt und das Herz erreicht, bricht das „Ich" (das Ego) hilflos zusammen und das Eine (das Selbst) erscheint ganz von selbst als „Ich-Ich." Das ist nicht das Ego – auch wenn es einem zunächst noch so vorkommen mag. Es ist das Ganze.

Es ist das wahre Selbst.

Das Selbst ist frei von allen Eigenschaften.
Gute oder schlechte Eigenschaften gibt es nur für den Verstand.

Die Zahl Eins bringt weitere Zahlen mit sich.
Die Wahrheit ist weder eins noch zwei.

Sie ist wie sie ist.

Dvaita (Zweiheit) und *Advaita* (Nicht-Zweiheit) sind relative Begriffe. Sie beruhen auf einem Gefühl von Dualität.
In Wirklichkeit gibt es weder *Dvaita* noch *Advaita*.

Ich Bin Der Ich Bin...

Einfaches Sein ist das Selbst.

Wenn die begrenzten und zugleich ausschweifenden Gedanken verschwunden sind, leuchtet im Herzen wortlos das „Ich-Ich“ auf. Es ist reines Bewusstsein.

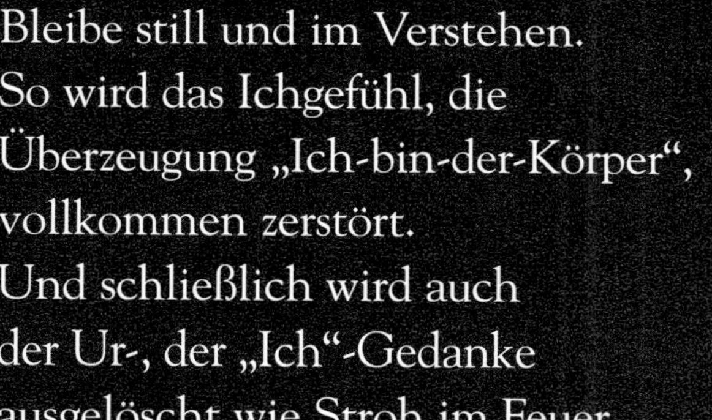

Bleibe still und im Verstehen.
So wird das Ichgefühl, die
Überzeugung „Ich-bin-der-Körper“,
vollkommen zerstört.
Und schließlich wird auch
der Ur-, der „Ich“-Gedanke
ausgelöscht wie Stroh im Feuer.

Die großen Weisen und
Schriften verkünden,
nur dies sei die Realisation.

Meditation ist deine
wahre Natur – jetzt!

Meditation bedeutet, dass die Gedanken dich nicht ablenken. Wenn die Gedanken nicht beachtet werden, bleibst du im Zustand der Meditation, frei von Gedanken.

Nach einer beständigen Meditationspraxis erkennst du, dass du in deinem Wesen Meditation *bist*.

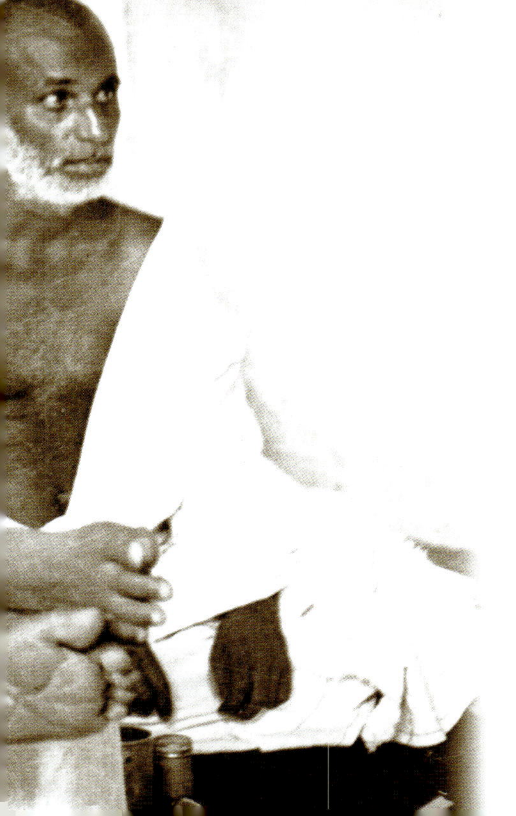

Ist Meditation erst einmal in deinem täglichen Leben verankert, gibst du sie nicht wieder auf.
Sie wird wie von selbst weitergehen: bei der Arbeit, in der Freizeit, ja sogar beim Schlafen.

Die Meditation muss so tief in dir verwurzelt sein, dass sie etwas ganz Natürliches für dich wird.

Geburt und Tod betreffen nur den Körper . . .

. . . sie überlagern das Selbst und führen zu der falschen Vorstellung, das Selbst wäre davon betroffen.

Wenn man stirbt, während man noch am Leben ist, braucht man den Tod eines anderen nicht mehr zu betrauern.

Entdecke das Selbst, das niemals stirbt, und sei unsterblich und glücklich.

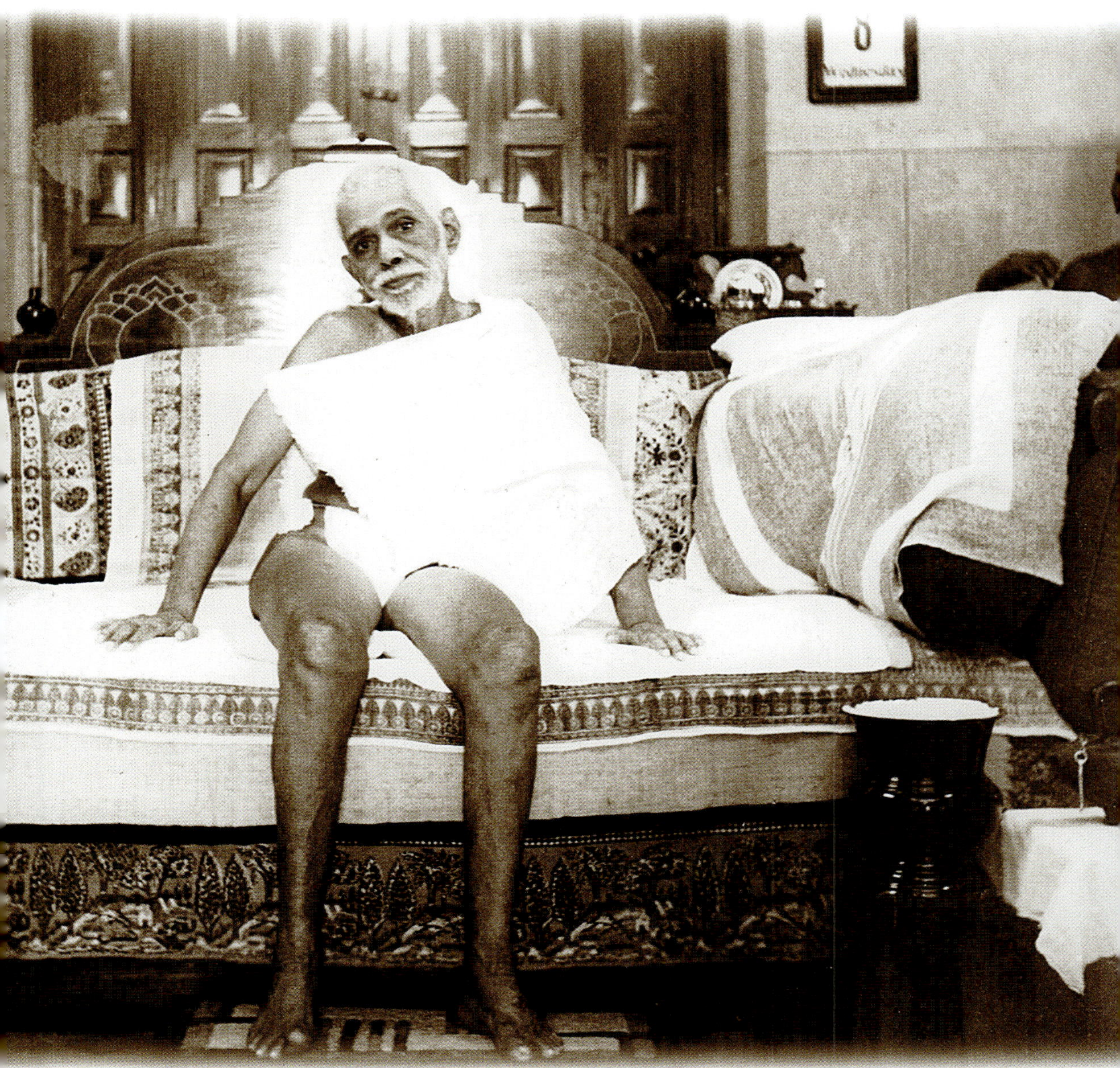

Warum sorgst du dich um das Leben und den Tod?

In Wahrheit können wir gar nicht sterben.
Wir sind immer hier und jetzt.

Es gibt weder Schöpfung noch Zerstörung,
weder Schicksal noch freien Willen,
weder einen Weg noch ein Ankommen.
Das ist die endgültige Wahrheit.

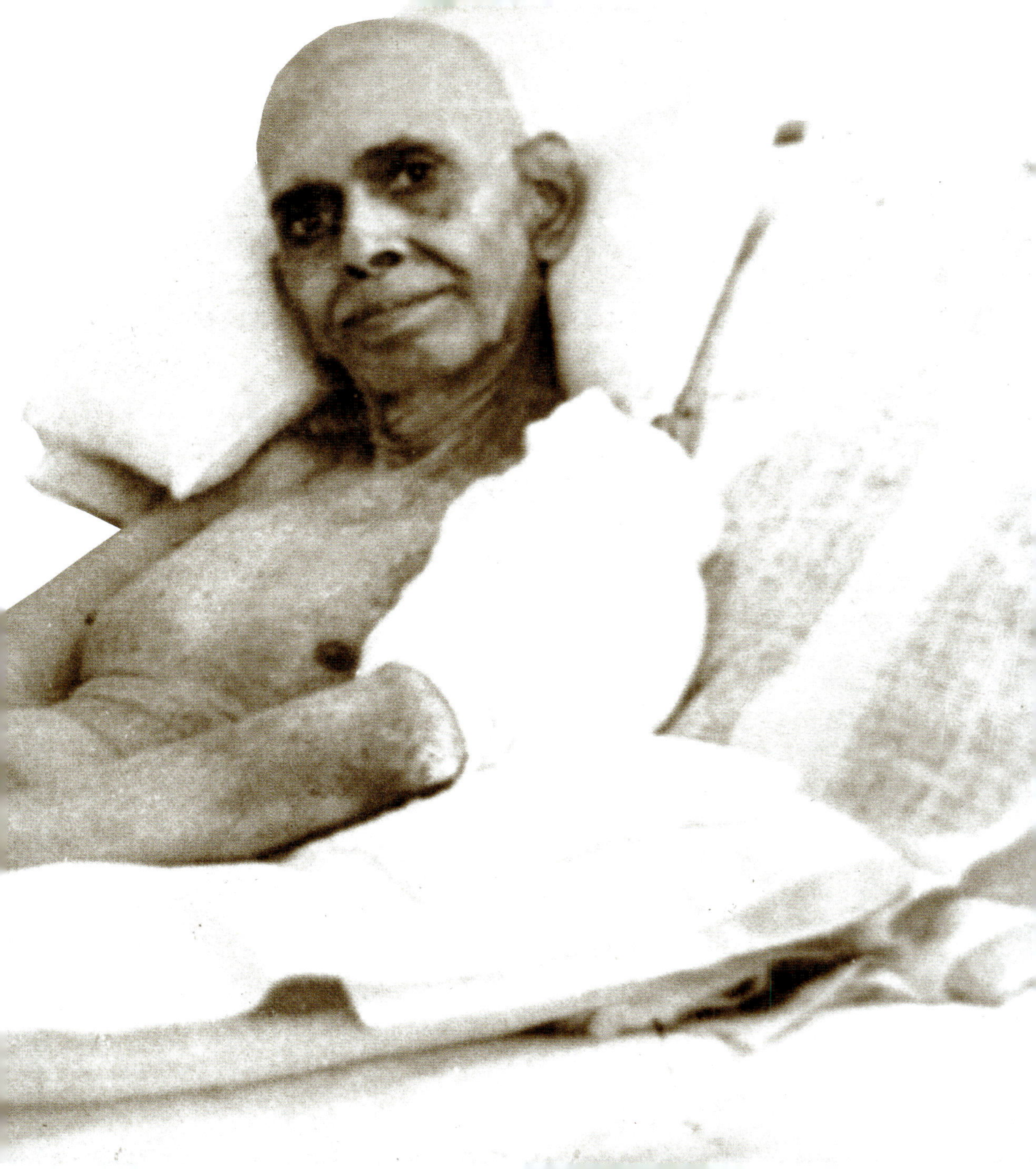

Quellen

A. W. Chadwick, *A Sadhu's Reminiscences*

Devaraja Mudaliar (Hrsg.), *Day by Day with Bhagavan*

Suri Nagamma, *Letters from Sri Ramanasramam*

G. R. Subbaramayya (Hrsg.),*Sri Ramana the Sage of Arunagiri*

Mungala S. Venkataramiah (Hrsg.), *Talks with Ramana Maharshi*

Arthur Osborne (Hrsg.), *The Collected Works of Ramana Maharshi*

Arthur Osborne (Hrsg.), *The Teachings of Ramana Maharshi*

Ramana Maharshi, *Upadesa Saram*

Ramana Maharshi, *Who Am I?*

Zu den Fotos

Seite	
18	Sri Ramanasramam in der Anfangszeit, Grabstätte von Maharshis Mutter
30	Geburtshaus Ramanas in Tiruchulli, Südindien
38	Weg auf den Berg Arunachala
44	Halle der tausend Säulen im Arunachaleswara-Tempel. In den frühen Tagen lebte Ramana unter dieser Halle in einem angrenzenden Keller.
65	Maharshi mit seiner Mutter, die rechts von ihm sitzt.
82	Adam Osborne als Kind. In seiner Firma in Kalifornien wurde der erste Computer der Welt (der Osborne) entwickelt.
93	Ramana in der Mitte, rechts Paramahansa Yogananda, der Paul Brunton die Hand schüttelt.
97	Ramana Maharshi und Kavyakanta Ganapathi Muni.
120-121	Das letzte Foto von Ramana wurde zehn Tage vor seinem Tode von Henri Cartier Bresson aufgenommen.

Quellenangaben der Fotos

Matthew Greenblatt: 17, 18, 20-21, 29, 34-35, 38, 44, 54, 73, 74, 83, 90-91, 100, 104-105, 111

Anne Newberg: 62-63, 68-69, 89

Dorothy Tarcus: 48-49, 52, 95, 103

Sri Ramanasramam: Alle Fotos von Sri Ramana Maharshi